法治文化经典传承丛书

孩子爱读的法律故事

从上古到明清

甘棠◎著
孙燕子◎绘

5 元·明·清

法律出版社 LAW PRESS · CHINA
北京

目录

壹

壹

智破盗案

趣读故事

在我们这套书里，小朋友们已经认识了许多善于判案的司法官员，有正直无畏的张释之、明察秋毫的傅琰、铁面无私的包拯、严谨细致的宋慈，等等。在法制不算健全的古代社会，这些人的存在，是老百姓获得公平正义的希望。

时间来到元朝，让我们来认识一位有勇有谋的官员。

元朝的第一个皇帝是元世祖忽必烈。

忽必烈在位时期，宁海（今浙江省宁波市宁海县）有一位县官名叫胡长孺（rú）。

他在任期间，浙江遇上了百年不遇的大旱灾，田地里颗粒无收，饿殍（piǎo）遍野。朝廷派出了大臣脱欢察前来救灾。

根据当时的惯例，脱欢察一路走，一路向沿途的富人征集救灾钱财，共征集了一百五十万钱。脱欢察把这些钱财沿途发放给灾民，到宁海的时候，还剩下二十五万钱。

脱欢察找来胡长孺，悄悄地对他说：“这二十五万钱，你先帮我收起来。”

胡长孺不解，问道：“大人，为什么不及时将钱发给灾民？”

“我自有打算，你不要问了。”然后，脱欢察就到其他州县巡视去了。

因脱欢察一向有贪财的名声，胡长孺思索良久，认为脱欢察很有可能是想把这笔钱据为己有。

一想到受灾百姓的惨状，胡长孺当机立断，命人把钱都拿出来，分发给百姓。

一个月之后，脱欢察回到宁海，马上找到

胡长孺："让你收着的钱呢？"

胡长孺捧来了一大堆账簿(bù)，毕恭毕敬地答道："大人带来的钱已经尽数发放给了灾民，这里是全部的账簿文书，灾民们都感激您的大恩大德。"

脱欢察恼羞成怒，指着胡长孺大骂道："你胆子也太大了，怎么能招呼都不打，就擅自这么干！"

胡长孺不慌不忙地答道："老百姓已经饿得一天都支撑不下去了，您巡察在外，实在来不及请示。"

脱欢察气得咬牙切齿，却又不敢明说是自

己想要贪污这笔钱，不得不吞下这哑巴亏。

他气哼哼地说道：“你这是在帮我做善事啊！”然后，一甩袖子走了。

胡长孺这一招“先斩后奏”，虽然得罪了上司，但挽救了百姓的生命。在他的努力之下，宁海的灾情得到缓解，百姓终于渡过了难关。

宁海有一座山叫铜岩山，有一伙强盗长期聚集在这里，经常出来拦路抢劫，过往的百姓都非常害怕。

因为这个地方山高林密，强盗们神出鬼没，官府虽然有心抓捕，却很难抓到人。

聪明的胡长孺想到一个办法。

你这是在帮我做善事啊！

一天，他换上了一身华丽的衣裳，打扮成富商的样子。几个仆人背着大包小包跟在他身后，大摇大摆地朝铜岩山走去。

刚走到林子深处，一群强盗出现了。他们亮出明晃晃的尖刀，对胡长孺一行人大喊道："此山是我开，此树是我栽。要想从此过，留下买路财。"

胡长孺和仆人们慌忙丢下包袱撒腿就跑，强盗们自以为得手，哈哈大笑。

说时迟，那时快，一队骑兵飞驰而来，将这些强盗一举抓获。

原来，胡长孺早就设好了埋伏，只等着强

盗们上钩呢。

小朋友，这一招，叫作“引蛇出洞”。

有一天，一位老妇人到官府来告状，说她的衣服丢了。

胡长孺仔细询问衣服丢失的过程。老妇人说：“我平日里会和一群老姐妹在寺庙里诵经祈(qí)福。那天，我们祈福完了准备回家，到旁边的屋子取衣服，发现我的衣服找不到了，当时寺庙里并没有其他人。”

胡长孺听后，猜到偷衣人一定就在寺庙祈福的这群人里。但是，怎样才能找出这个人呢？

他来到寺庙，把当天在一起祈福的人都召集起来，每人发给她们一把麦子，让她们将麦子放在手心，然后合起手掌，像往常一样，一边诵经，一边绕着佛像走。

胡长孺盘腿坐在佛像前，闭上眼睛，口中念念有词，做出一副召唤神灵的样子。

他故弄玄虚地说道：“我已请来神仙显灵，谁偷了衣服，走过几圈之后，她手掌中的麦子会发芽。”

过了一会儿，胡长孺突然睁开眼，叫道：“神灵已经告诉我，谁是偷衣服的贼了。”

衙役们一拥而上，抓住了其中一位老妇人。

老妇人大声喊冤，胡长孺微微笑道："你若不是心里有鬼，刚才为什么多次打开手掌偷偷看麦子是否发芽呢？"

老妇人一听，低下头去，只得老老实实承认了偷衣服的事实。

原来，胡长孺就是利用这群人的迷信心理，假借神仙的名义，让偷衣人心虚。偷衣人心里有鬼，自然会担心手掌中的麦子是不是真的会发芽。同时，他让衙役在旁边仔细观察众人的动作，偷看麦子的人自然就是偷衣人了。

这一招，就叫作"攻心为上"。

智勇双全的胡长孺很快就升职了。

在新的岗位上，胡长孺还得判案。

这一次，他遇上的是一对兄弟，我们就叫他们王大和王二吧。

弟弟王二家里有一支很稀有的珍珠步摇，步摇是古代女子用来装饰头发的一种饰品。有一段时间，王二做生意缺钱，就找哥哥王大借钱，拿出这支步摇作为抵押物。

抵押，就是把值钱的物品交给借钱给自己的人保管，以此来保证会按时还钱。如果王二没有按时还钱，王大就可以自由处置这支步摇。

王大的妻子，也就是王二的嫂嫂见了这支步摇，非常喜欢，天天戴在头上。过了一段时间，王二有了钱，便来哥哥家还钱，并要求把步摇拿回去。

嫂嫂心里舍不得，便和王大一起想了个坏主意，对王二说：“前些天，家里进了贼，把这步摇给偷走了，我们实在没法还给你啊。”

王二明知这是谎言，却苦于没有证据，官司最终打到胡长孺这里。

胡长孺听了，一言不发。王二只好无可奈何地走了。

不久之后，胡长孺正在审理一桩盗窃案，看着跪在堂下的盗贼，他突然想到一个主意。

他走到盗贼身边，对他窃窃私语一番。

那盗贼便叫道："大人，我曾经偷过一支名贵的珍珠步摇，卖给了一户人家。"

盗贼说的人家，正是王大家。

胡长孺听了，马上命令衙役，将王大带来。

王大大声喊冤，胡长孺指着王大说道："他明明白白供认，卖给你的一支珍珠步摇是赃物，你家中是不是有这个东西？"

王大冷汗直冒，不敢说是，也不敢说不是。

胡长孺说道："你不承认，那就派人去你家搜查，若搜到了，你与盗贼同罪。"

王大吓了一大跳，慌忙答道："大人，我家确实有一支珍珠步摇，但那是我弟弟抵押给我的。”

“哦？那你去取来步摇，再与你弟弟当面对质。”胡长孺说道。

王大只好回家取来了步摇，当场将步摇还给了弟弟王二。

小朋友，这一招，就叫作“声东击西”。

胡长孺后来辞官，隐居在浙江杭州的虎林山。明朝著名学者方孝孺仰慕胡长孺的事迹，为他作传，今天我们才能读到这些有趣的故事。

思考一下

小朋友，故事中的这几个案件，请你想一想，还有没有别的破案方法呢？

学点古文

长孺闭目叩齿，作集神状，且曰："吾使神监之矣，盗衣者行数周，麦当芽。"一妪屡开掌视，长孺指缚之，还所窃衣。

——《元史·胡长孺传》

古文今译

胡长孺闭着眼睛，叩击牙齿，做出聚精会神的样子，并说道："我已经让神灵来监视了，偷衣服的人走几圈以后，她手中的麦子就会发芽。"一个老妇人屡屡打开手掌偷看，胡长孺命人把她绑起来，让她归还所偷的衣服。

法制课堂

侦破案件的方法

故事中的胡长孺为了破案，巧妙地运用了许多方法，体现出古代司法官员的办案智慧。

《周礼》中记载："以五声听狱讼，求民情。"五听，"一曰辞听，二曰色听，三曰气听，四曰耳听，五曰目听。"

这"五听"是古代司法官员在处理案件时通常会用到的审判方法。"辞听"是观察当事人的言语表达，正常人表达流畅、语言通顺，如果言语错乱则有问题；"色听"是观察当事人的面部表情，脸色平静为正常，发红或青一阵白一阵的则可能有问题；"气听"是观察当事人的呼吸，正常人呼吸平缓，若呼吸急促紊(wěn)乱则可疑；"耳听"是观察当事人的听觉，心里有鬼的人无法认真听别人说话；"目听"是观察当事人的眼睛，理直气壮则眼神坚定，眼神躲闪则值得怀疑。

"五听"主要是对当事人心理活动的观察，在古代侦查手段较为落后的情况下，有其存在的合理性，但十分考验官员的观察能力和分析能力，而且过于依赖口供，容易导致冤假错案的发生。

现在，《中华人民共和国刑事诉讼法》规定：对一切案件的判处都要重证据，重调查研究，不轻信口供。只有被告人供述，没有其他证据的，不能认定被告人有罪和处以刑罚；没有被告人供述，证据确实、充分的，可以认定被告人有罪和处以刑罚。

成语积累

先斩后奏 斩：砍头；奏：臣子向皇帝报告。先把罪犯处决，再向上报告。比喻先把事情处理了，造成既成事实，再向当权者或上级报告。

窃窃私语 窃窃：声音低细的样子；语：说话。偷偷地或在背地里小声交谈。

攻心为上 指以思想精神上瓦解敌人的斗志为妙策。

声东击西 声：声张。做出姿态或口头宣称要攻打东边，实际上却攻打西边。军事上使敌人产生错觉的一种战术。

饿殍遍野 饿殍：饿死的人；野：田野。指饿死的人到处都是。

贰

贰

清官海瑞

海瑞

趣读故事

在《包拯断案》的故事中，我们认识了包青天。到了明朝，出现了第二位举世闻名的“青天”——海瑞，“海青天”。

海瑞是海南琼山（今海南省海口市）人，四岁的时候，父亲就去世了。海瑞的母亲姓谢，性格刚强，勤劳能干。虽然生活艰难，但她毫不放松对海瑞的教育，从小就要求他发奋苦读，生活上也严格要求，不许浪费一米一粟(sù)。

在母亲的教导下，长大后的海瑞饱读诗书、性格刚正，还给自己取了个号，叫作“刚峰”。他顺利通过科举考试，后来被任命为淳安（今浙江省淳安县）知县。

海瑞到了淳安不久，当地人就发现，这位知县和以前的官员都不一样，生活极其简朴，住进县衙后的第一件事竟然是把院子里的花都拔了，亲自动手，种了满满一园子菜。

平日里，海家的仆人偶尔出来买东西，也

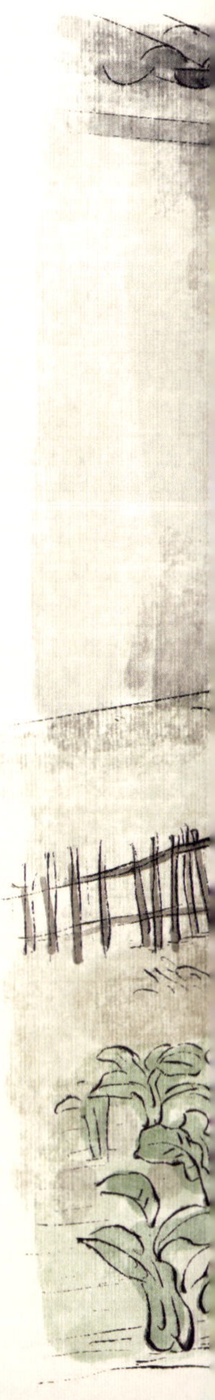

从来没见买过肉。大家纷纷传言，海大人家是不吃肉的。

直到有一天，海瑞亲自上街，光顾了卖肉的摊子，买了两斤肉。

此事轰动了整座县城，大家一番打听，才知道当天是海瑞母亲的生日，海瑞每年也只在这个日子才会买一次肉吃。

这事稀奇到什么地步呢？就连海瑞的顶头上司、浙直总督胡宗宪听说此事以后，也将此事当作奇闻与人分享："听说了吗？海瑞给母亲过生日，竟然破天荒地买了两斤肉。"

小朋友可能要问了，海瑞不是当官的吗？

张记
肉铺

怎么还吃不起肉呢?

这是因为，在明朝，官员的工资非常低。根据历史记载，粗略地算一算的话，海瑞每个月的工资大约相当于现在的人民币三千元，一大家人都靠他养活，自然是捉襟见肘。

官员们工资低，又想过好日子，自然就只能贪腐了。但这也正好说明了海瑞甘守清贫的难能可贵。

我们现在的网络语言里，喜欢把看热闹、传八卦的行为叫作“吃瓜”，胡宗宪此刻“吃瓜”吃得痛快极了，可没想到，过不了多久，这“瓜”就吃到自己头上了。

一代名臣胡宗宪有一个不成器的儿子。这位胡公子一向游手好闲，而且生活奢侈(shē chǐ)、性情跋扈(bá hù)。因为有个当大官的爸爸，无论他走到哪里，当地官员总是好吃好喝地招待他，没有人敢惹他。

这一次，胡公子来到淳安。由于海瑞厉行节俭，淳安境内所设的驿站也十分简朴。胡公子住进驿站，一看床上是青帐粗被，桌上是粗茶淡饭，勃然大怒，认为淳安驿站是故意不好好招待他，他把驿吏(lì)（驿站的工作人员）找来臭骂了一顿。驿吏小心翼翼地解释了几句，说明这都是海瑞定下的规矩。

胡公子大怒道："海瑞的规矩？我倒让你看看什么是我的规矩！"

说罢，他命令手下将这名驿吏吊起来，当着众人的面毒打，一边打还一边嚣张地大喊："去告诉海瑞，我就在这里等他！"

驿站的人慌忙跑到县衙，将此事告诉了海瑞。

海瑞听了，说道："好啊，我们就去会一会这位胡公子。"

师爷悄悄对海瑞说："大人，听说这位胡公子很得总督宠爱，豪横(hèng)跋扈惯了，最好还是不要得罪他啊。"

“放心，我心中有数。”海瑞笑着说道。

海瑞带着一群衙役赶往驿站，见胡公子正坐在院子中间，悠闲地喝着茶，而那位可怜的驿吏还被吊在树上，浑身伤痕累累。

“把他给我抓起来！”海瑞手一指，衙役们一拥而上，把胡公子摁(èn)在了地上，用绳子结结实实地捆了起来。

“大胆海瑞，你知道我是谁吗？”

半晌才反应过来的胡公子又惊又怒，气急败坏地大叫。

“堵住他的嘴，给我搜身。”海瑞充耳不闻，继续下令。

衙役干脆利落地用一块破布堵住了胡公子的嘴，又从他身上搜出一叠银票和一堆金银。

“胡宗宪总督为官清廉正直，而此人身上携带了这么多银两，光天化日之下，竟敢在驿站行凶，绝不可能是胡总督的儿子，必定是冒名顶替来败坏总督名声的，给我狠狠地打！”海瑞说道。

被堵住嘴的胡公子，此刻只能急得呜呜呜了。

衙役们见驿站的人被打得那么惨，早就憋了一肚子气，如今也没客气，将胡公子痛打了一顿。

围观的老百姓纷纷叫好，师爷却在一旁，替海瑞捏了一把冷汗。

海瑞回去之后，提笔给胡宗宪写了一封信：

大人，近日有个不法之徒冒充您的公子，到我们这里横行霸道，仗势欺人，败坏您的名声，我已经将他抓捕归案，不日将移送到您那里，请您依法处理。

这封信和胡公子一起，被打包“快递”给了胡宗宪。

胡宗宪早就听说了这件事，位高权重的胡总督，并没有包庇自己的儿子。虽然有些气海瑞不讲情面，但胡宗宪更懊悔的是自己没有管教好孩子，只能关起门来，将儿子又狠狠打了一顿，还得回信向海瑞表示感谢。

经过此事之后，海瑞的名气越来越大。当时有个名叫鄢(yān)懋(mào)卿的官员，十分贪婪无耻，走到哪都要敲诈勒索一番，但他从来不敢招惹海瑞，每次到了淳安附近，都要绕开路走。

不光是这样对待自己的同级或上级官员，就算是皇帝，海瑞也是一点也不留情面。

当时在位的是明朝第十一位皇帝明世宗朱厚熜(cōng)，年号为嘉靖，因此被称为嘉靖皇帝。嘉靖早年比较勤政，但后来开始迷信道教，沉迷于研究长生不老之术，长期不上朝，朝中奸臣当道，民不聊生。

于是海瑞写了一篇《治安疏》，向皇帝进

谏，文中尖锐地批评皇帝一心修道，大兴土木，不理朝政，导致天下文官贪污，武将怯弱，民不聊生，水旱灾害不断发生，盗贼猖獗（chāng jué）。

在那个皇权至上的年代，骂皇帝骂得这么难听，海瑞内心也承受了巨大的压力，奏疏中说“臣不胜战栗恐惧之至”，意思是“我害怕极了”。但是，尽管害怕，还是要说、要骂，他希望皇帝能被骂醒，还天下太平、百姓安定。

这一刻，海瑞是一位真正的勇士。

嘉靖皇帝看了这篇奏疏，气得差点背过气去，将奏疏扔到地上并狠狠踩了几脚，喊道：“快去快去，把海瑞抓起来，别让他跑了。”

旁边伺候皇帝的宦官黄锦说道：“听说他上书之前，知道自己该死，已经买好了棺材，和家人诀别，仆人们也都散去了，他是不会跑的。”

嘉靖听了黄锦的话，沉默了好半天，又捡起《治安疏》，一边读一边叹气，说道："这个人想做比干，但朕不是商纣王。"

比干是商纣王的叔叔，传说他因为向纣王直言进谏，被纣王挖心而死，是古代以死谏君的忠臣典范。嘉靖这么说，是不想自己和商纣王一样，因为杀忠臣而背上千古骂名。

过了一段时间，嘉靖生病，心情不好，对大臣说："海瑞说的都对，但我身体不好，怎么能管理朝政，他实在不该骂我。"于是他下令把海瑞关起来。

海瑞被关进了监狱。不久之后，嘉靖的生

命走到了尽头，新皇帝即位，将海瑞释放。

不同于包青天，海瑞并不以断案能力著称，但他也极具判案智慧，在任淳安县令时，他遇到过一个案件。

两名同族的兄弟邵守愚（yú）和邵守正共同继承了祖上的一口鱼塘，两家约定按年轮流养鱼。

这一年，轮到邵守愚养鱼，鱼塘里的鱼经常被偷，于是邵守愚每天晚上都去鱼塘巡逻。

一个月黑风高的夜晚，邵守愚提着一杆长枪守在鱼塘边，突然听到一阵脚步声，他赶快循声追过去，发现有人正往自家鱼塘撒网。

那人听到邵守愚的脚步声，抬腿就要跑。

邵守愚二话不说，举枪就刺，正中那人背部，那人惨叫一声，倒在地上。邵守愚赶过去连着戳(chuō)了五枪，那人当场就死了。

这时，邵守愚将那人翻过来，借着微弱的月光一看，顿时吓了一跳，原来偷鱼的竟是自己的族兄弟邵守正。

第二天一大早，得知消息的邵守正母亲悲痛欲绝，立刻将邵守愚告至官府。

当时的官员们经过一番调查，认为连戳五枪不属于误杀，应当按照相关法律规定，判处邵守愚绞刑。

案件上报后被驳回，到了海瑞手里。

海瑞审理后认为，确有证据证明邵守正当时正在偷鱼，根据“夜无故入人家，登时杀死，可以不论”的法律规定，邵守愚应该被无罪释放。这条法律规定的意思是，夜晚无缘无故闯进别人家里，当时就被房主杀死的，房主不算是犯罪。

至于连戳五枪的做法，海瑞认为，杀盗贼不死，盗贼必定反过来伤人，这是情势所迫，不能苛求邵守愚。虽然邵守正发出惨叫声，但当时是黑夜，看不清楚，而且邵守愚精神高度紧张，无法辨认出族兄弟的声音也情有可原。

在《买得救父》的故事中，我们讲到了正

当防卫，海瑞正是适用了当时法律中的正当防卫条款，让邵守愚得到无罪的判决结果。

后来，海瑞在南京任上病故，临终前三天，朝廷发工资，海瑞一算，多发了七钱银子，他立刻让人退回去，绝不占公家一分一毫。

海瑞死后，因为没有儿子，下属们帮他办理丧事，发现他家中一贫如洗，用的都是些粗布的蚊帐、破旧的竹器，下属们都忍不住哭出声来。

海瑞的灵柩(jiù)用船运回家乡时，岸边挤满了前来祭奠(jì diàn)的百姓，哭声不绝于耳，他们向这位清廉刚正一生的“海青天”致以最后的敬意。

思考一下

小朋友，除了清官，历史上还有许多贪官，比如和海瑞同时代的严嵩（sōng），清朝的和珅，请你了解一下他们的故事，然后想一想清官和贪官的区别是什么。

学点古文

帝得疏，大怒，抵之地，顾左右曰："趣执之，无使得遁。"

——《明史·海瑞传》

古文今译

皇帝看到《治安疏》，大怒，将奏疏扔到地上，对身边的人说："快去抓他，别让他跑了。"

法制课堂

贪污腐败的危害

贪污腐败，是指利用职务上的便利非法地取得财物或者不正当利益。

贪污腐败满足了个人的私欲，但对国家的危害是无穷的。“千里之堤，溃于蚁穴”，贪官污吏就像是蛀虫，时刻侵蚀着国家和社会的根基。

我国历史上，因为贪污腐败导致亡国的例子比比皆是。

周文王姬昌被囚禁时，周国以奇珍异宝进献给商纣王，商纣王贪图这些宝物，将周文王释放，之后才有了武王伐纣、商朝灭亡的历史。

春秋末期，越王勾践兵败，被迫在吴国卧薪尝胆，他采纳大臣的建议，以重金贿赂吴国的大臣伯嚭(pǐ)。于是伯嚭力劝吴王夫差放勾践回国。勾践回到越国之后，励精图治，后来一举灭掉吴国。

在现代，官员的贪污腐败行为会导致党政机关的公信力下降，损害人民群众的合法权益，影响国家长治久安。

成语积累

游手好闲 游手：空手，闲着手不做事；好闲：喜爱安逸。指人游荡懒散，不事生产。

豪横跋扈 跋扈：专横暴戾。横行凶暴，为非作歹，专横暴虐。

冒名顶替 假冒别人的名义去做事，或窃取别人的权力、地位。

敲诈勒索 敲诈：仗着势力或抓住人的把柄来施行恐吓，以索取财物；勒索：用威胁手段索取财物。倚仗势力或采用其他不正当的手段，强制索取他人钱财。

捉襟见肘 襟：衣襟，即衣服的前幅；见：同“现”，露出来。拉一拉衣襟，就露出了胳膊肘。形容衣服破烂。比喻处境窘迫，顾此失彼，穷于应付。

叁

叁

前手后手

冰清玉洁两于公

趣读故事

小朋友，你遇到过和你同名同姓的人吗？如果有，是不是觉得特别有缘呢？

在清朝初年，就有两个人，名字都叫于成龙，二人相差 21 岁，都是两袖清风、廉洁奉公的朝廷官员。

为了区分，我们按照年龄大小，称他

们为大于成龙和小于成龙。

有趣的是，有些人是举贤不避亲，大于成龙则是“举贤不避同名”，他亲自向皇帝举荐过小于成龙。他俩曾先后担任直隶（今河北省）巡抚，当地有民谣唱道：“前于后于，百姓安居。”百姓对这两位于成龙的满意度可见一斑。

大于成龙是一个大器晚成的人，为了照顾年迈的父亲，一直没有出来做官。直到 45 岁，才被任命为罗城（今广西壮族自治区罗城仫佬(mùlǎo)族自治县）县令。

罗城有一个人名叫江峰青，此人性情暴戾(lì)，一向横行乡里，无人敢惹。住在他家对门的是一户姓沈的人家，男主人死得早，家中只有孤儿寡母，平日里小心谨慎，生怕得罪了江峰青。

沈家的小儿子沈小孩只有九岁，经常和江峰青七岁的小儿子江小四在一起玩耍。有一次，沈小孩又到江家找江小四玩，两个人玩着玩着，就吵起来了，接着还动起手来。

小孩子下手没个轻重，一不小心，沈小孩把江小四给打疼了。这下，江小四不干了，哭着找爸爸告状去了。

江峰青见自己最宠爱的小儿子挨了打，暴跳如雷，马上追了出来，嚷嚷着要把沈小孩暴揍一顿。

沈小孩见情况不妙，跑回家躲了起来。沈母知道了这件事，惴（zhuì）惴不安地出来向江峰青道歉，又请来周边邻居一起说情，表示愿意赔偿。

可没想到，江峰青来了个狮子大开口，气势汹汹地对沈母说：“要么把孩子交出来，让我揍一顿，要么就赔二百两银子。不然，咱们官府见！”

沈母当然不舍得将孩子交出去，又实在拿不出这么多钱，便只好和他一起来到官府。

负责判案的正是大于成龙，他早就听说过

江峰青的大名，仔细听了双方的陈述后，心中便大致有了判断。

“你既然说孩子受了重伤，那我问你，孩子伤在什么部位，伤势如何？”于成龙问江峰青。

江峰青支支吾吾半天，梗(gěng)着脖子喊道：“我儿子就是受伤了，现在还在家里哭呢。”

“你连受伤部位都说不出来，可见是胡说八道。九岁的孩子，手无寸铁、赤手空拳，就算是极其凶悍，也很难将人打成重伤。退一步说，即使真的造成江小四重伤，也不全是沈小孩的责任。这件事发生在江家，你作为家长，理应有看护的责任。小孩子打起来，你没有及时制止，你的责任更大。”

“我又没在现场，怎么制止？”江峰青不服气地争辩道。

“你既然没在现场，又为何言之凿凿（záo），说你儿子是被沈家孩子打成重伤的呢？”大于成龙反问道。

江峰青一时哑口无言。

“如果你一定要说孩子受了重伤，三天之内把孩子抬到县衙来进行检验，我出钱为他治伤。你不得再去伤害沈家一草一木，也不能向沈家索要一根线一粒米。”大于成龙一拍惊堂木，“如果没有受伤，那这事就到此结束。如果再发现你吵闹不休，就把你抓起来查办，让那些仗势欺人，欺负孤儿寡母的人看一看，以儆(jǐng)效尤！”

说完，大于成龙挥毫泼墨，写下一篇言辞锋利、情理兼备的判决书。

在判决书中，他讲了一个“千万买邻”的故事。

魏晋南北朝的南朝时期，有一位官员名叫吕僧珍，此人德才兼备、深受赞誉。一位名叫宋季雅的官员退休以后，就到吕僧珍家旁边买了一栋房子。吕僧珍问他买这栋房子花了多少钱，宋季雅说："共花了1100万钱。"吕僧珍听了大吃一惊，反问道："怎么这么贵？"宋季雅笑着回答说："其中100万是买房屋，1000万是买邻居。"

于成龙想借这个故事告诉大家，每个人都想和道德高尚的人做邻居。邻里之间本应互帮互助、和睦相处。沈家孤儿寡母，江峰青堂堂男子，本应该对沈家多加帮助，如今反而因为小孩子之间的小小争执，就想让邻居倾家荡产，实在有违道义。

小朋友，你们觉得大于成龙判得怎么样？

百万买房千万买邻

下面再来看看小于成龙的故事。

小于成龙担任江宁（今江苏省南京市）知府的时候，有一次到高邮（今江苏省高邮市）去巡视，正巧当地发生了一起案件。

一户有钱人家要嫁女儿，准备了丰厚的嫁妆，可还没等到大喜日子的到来，这些嫁妆就在一夜之间不翼而飞了。

这伙盗贼手段高明，来无影去无踪，当地官府查了半天也没发现线索，只能向小于成龙求助。

小于成龙微微一笑，“我倒有个法子，可以让这伙贼人自投罗网。”

他命令关上所有城门，只留下一个城门供行人出入，并派出大量衙役守在门口，对装载了货物的车子严加搜查。然后贴出告示，告知全城百姓，都尽快回家关门闭户，第二天官府要进行挨家挨户的搜查，寻找丢失的嫁妆。

第二天下午，衙役就在城门口抓到两个人，被带到公堂上时，两人大声喊冤。

大家一看，这两个人手上什么东西都没有拿，都觉得十分奇怪。

小于成龙吩咐衙役脱掉他们的衣裳。

衙役三下五除二脱掉了他们的外衣。

大家这才发现，两个人里面穿的都是女子

的衣物，而且面料昂贵、刺绣精美，正是丢失的嫁妆。

这时，大家才明白了小于成龙的用意。

封锁城门，预告搜查，盗贼就会着急转移赃物。他们发现城门只是检查车辆，便会很自然地想到将赃物化整为零，藏在自己身上带出去，嫁妆数量繁多，这样一来，他们必然要多次往返出入城门。

小于成龙秘密安排了衙役在城门附近观察，见到并未携带大件物品，但反复进出城门的人，就把他们抓起来。

一桩大案就这样轻松告破。

除了判案的才能，大小于成龙的高风亮节也为人称道。

大于成龙因为判案公正，被称为“于青天”，他还有一个外号叫“于青菜”，这是为什么呢？

原来啊，他在担任罗城县令的时候，生活十分简朴，每天只吃青菜豆腐，餐桌上很少见到肉。老百姓很感动，就给他取了这个外号。

后来，清圣祖康熙皇帝称赞他为“天下廉吏第一”。

小于成龙处处以大于成龙为榜样，同样大公无私、公正廉明。

当时有人感动于两人的精神品格，给他们题写了一首诗：

“冰清玉洁两于公，名姓相同志亦同。”

高山流水，知音难觅，前于后于想必没有这样的烦恼。两个同名同姓的人，以操守相勉励，以廉洁相辉映，同心同德，齐头并进，演绎了清朝官场的一段佳话，也成就了法律史上的一段奇缘。

天下廉吏第一

思考一下

小朋友，在身边有没有和你同名同姓的人，看看他（她）是一个怎样的人吧？

学点古文

古人十千买树，十万卜邻，即尔理尽直，彼理尽曲，区区小事，亦不应涉讼。

——《于成龙判牍译注》

古文今译

古代有人用十千钱来买树，用十万钱来选择好的邻居。即便你都有理，别人全都不在理，区区一点小事情，也不应该来打官司。

法制课堂

邻居之间的法律关系

邻居是指住家接近的人或人家。

俗话说：远亲不如近邻。意思是如果发生了急事需要帮助，远方的亲戚还不如住得近的邻居能帮得上忙。这句话生动地说明了邻居对于我们的重要性。

大于成龙用“千万买邻”的故事来说明，邻里之间应当互谅互让，和睦相处。

现在，《中华人民共和国民法典》专门对相邻关系进行了规定，不动产的相邻权利人应当按照有利生产、方便生活、团结互助、公平合理的原则，正确处理相邻关系。

成语积累

大器晚成 大的或者贵重的器物要经过较长的时间才能制成。比喻能取得重大成就的人要经过长期的磨炼，所以成功较晚。

以儆效尤 以：用；儆：告诫；效：效法；尤：过错。用严肃处理坏人坏事的办法来警诫学做坏事的人。

言之凿凿 凿凿：确实。说得非常确凿。

化整为零 把整体分为若干零散部分。

高山流水 比喻知己或知音。也比喻乐曲高雅精妙。

肆

肆

兄弟争田

趣读故事

俗话说，清官难断家务事。意思是说即便是清廉公正的官员，也很难处理家庭成员之间的矛盾纠纷。

这是因为，家人之间的矛盾，往往交织着各种复杂的情感因素，就像一团错综复杂的毛线球，理不清、断不明。

清朝雍正年间，在广东省普宁县（今普宁市）有一位名叫陈智的老人，他有两个儿子，一个叫阿明，一个叫阿定。两个孩子从小一起长大，一向兄友弟恭、相亲相爱。

陈智年纪大了，无疾而终。阿明和阿定伤心不已，齐心协力为父亲风风光光地办理了后事，亲朋好友都交口称赞这两个孩子孝顺友爱。

可接下来的事却出乎大家意料，阿明和阿定为了争夺父亲留下来的七亩田地，竟然大打出手。

阿明拿出一份遗嘱，上面写着：“我死以后，田产留给我的大孙子。”这大孙子，指的是

阿明的大儿子。

阿定也拿出了一份遗嘱，上面却写着："田产留给小儿子阿定。"

那个时候，也没有什么技术手段来做笔迹鉴定。两份遗嘱拿出来，大家都傻眼了，不知道该怎么办才好。

普宁县当时的知县名叫蓝鼎元。他看了两份遗嘱，见二人吵闹不休，惊堂木一拍，说道："你们二人都有理，没理的是你们的父亲，竟然写了两份相互矛盾的遗嘱。应该处罚你们的父亲。来人，去把他的棺材砍了。"

兄弟二人大惊失色，异口同声地喊道："大

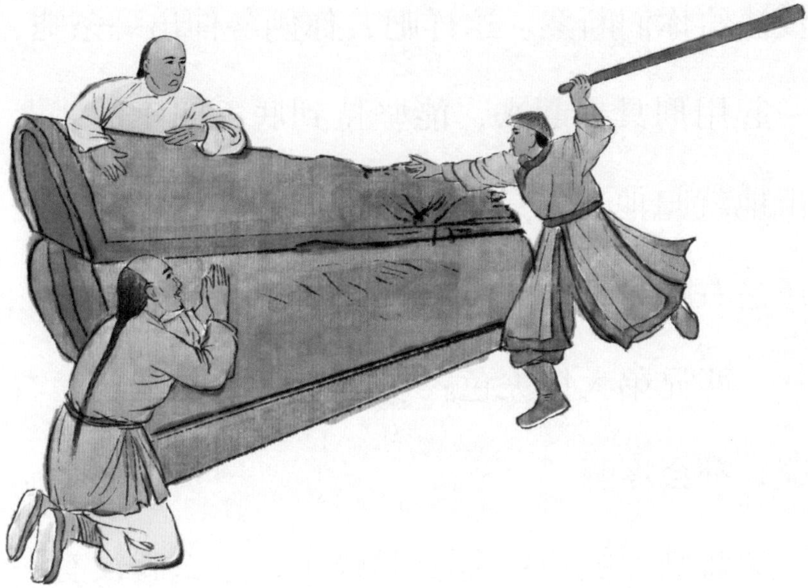

人，万万不可啊！”

蓝鼎元当然不是真的要去砍棺材，只是想让两兄弟停止争吵而已。见目的达到，他捻(niǎn)了捻胡须，说道：“那还是说回你们俩吧，七亩田地是小事，但亲兄弟打官司却是大事，我实在没法给你们断案。这样吧，你俩各伸出一条腿，一起用刑具夹起来，能坚持到底不叫疼的，七亩地就归他了。只是不知道你们是打算夹左腿还是右腿呢？”

两兄弟大惊失色：“大人，无论左腿还是右腿，都会疼啊。”

蓝鼎元笑道：“那真是怪了，怎么就没有一条不疼的腿呢？你们的身体就像你们的父亲，左腿就像阿明，右腿就像阿定，你们舍不得任何一条腿疼，你们的父亲又怎么会对两个儿子区别对待呢？这个案子过一段时间再审吧。”

然后，蓝鼎元命令衙役用一条铁链将兄弟

俩拴到一起，上好锁，关进一个房间。

接下来的几天，两个人一张床睡觉，一张桌子吃饭，坐的时候必须一起坐下，走路的时候也必须一起走，即便是大小便也得同时进行，一刻都无法分开。

这个场景是不是似曾相识？没错，和《春秋决狱》里讲到的孔子断父子讼的案子一样。蓝鼎元也学孔子的样子，在外面暗暗观察兄弟俩的举动。

开始时，两个人气哼哼的，相互之间一句话也不说，背靠背侧着身子坐着。一两天后，慢慢对着坐了。又过了三四天，兄弟俩相对叹气，不久之后，两人重新对话了。又过了一阵儿，终于一起吃饭了。

蓝鼎元见火候已到，便叫来二人，问道：“你们都有孩子吗？”

阿明说：“我有两个孩子，都十几岁了。”阿定说：“我也有两个孩子，年纪也差不多。”

“你们的父亲不该生下你们兄弟两个，如果家里只有一个孩子，就不会有这种事了。可是你们都各有两个孩子，将来说不定也要争夺家产，吵个没完没了，我真是替你们担心。”蓝鼎元郑重其事地说道，“我替你们想了个未雨绸缪（chóu móu）的法子，你们每家只留一个孩子就够

了，把另外一个送走，我帮他们找一户好人家，办好收养手续，省得将来像你们一样，闹出争夺家产的纠纷。”

兄弟俩吓得魂飞魄(pò)散，急忙跪下，边哭边喊道：“大人，我们错了，我们再也不争田地了。”

阿明抢着说道：“我愿意把所有土地都给弟弟，以后再也不争了。”阿定连忙摆手说：“我不要，还是给哥哥吧。”

蓝鼎元哪里会真的送走他们的孩子呢？见目的已达到，他微笑着说道：“我看你们并非真心，我不敢相信。”

两人慌忙赌咒发誓。

蓝鼎元又说："姑且相信你们，只怕你们的妻子不同意，你们回去商量定了再说。"

第二天，兄弟俩带着各自的妻子还有族人一起来到官府。阿明、阿定哭着说："是我们兄弟愚笨，不通事理，经过大人的教导，我们就像大梦方醒。一家人血浓于水，亲情才是最重要的。我们十分惭愧，现在都不想要这块地了，我们想把它捐出去，就当是做善事，好吗？"

"胡说！"蓝鼎元大怒道："这样才是最不孝的！你们的父亲一滴汗一滴血，辛辛苦苦创下了这点家业，就这样给了别人，你们的父亲九泉之下能够瞑目吗？既然你们懂得了亲情可贵，也学会了谦让，那么就把这块地留给你们的父亲吧。”

于是，蓝鼎元让他们把这七亩地作为祭田，兄弟俩轮流耕种，有了收获就一起祭祀父亲。

大家听了这样的裁断，心服口服，一再道谢之后各自回了家。从此，兄弟两家比过去还要相亲相爱。

思考一下

小朋友，你有兄弟姐妹吗？你们吵过架吗？吵架的时候，爸爸妈妈是怎么处理的呢？

学点古文

余曰："噫！奇哉。汝两足无一不痛乎？汝之身犹汝父也。汝身之视左足，犹汝父之视明也；汝身之视右足，犹汝父之视定也。汝两足尚不忍舍其一，汝父两子，肯舍其一乎？此事须他日再审。"

——《鹿洲公案》

古文今译

我说："嘿！奇怪呀。你们的两条腿没有一条夹起来不疼的吗？你们的身体就像你们的父亲。你们看自己的左腿就像你们父亲看待阿明一样；你们看自己的右腿就像你们父亲看待阿定一样。你们的两条腿尚且不舍得夹任何一条，你父亲两个儿子，能舍得其中一个吗？这案子等过些天再审。"

法制课堂

什么是家庭？

家庭是以婚姻和血统关系为基础的社会单位，包括父母、子女和其他共同生活的亲属在内。

家庭是社会的最小组成单元，家庭和睦则社会安定，家庭幸福则社会祥和，家庭文明则社会文明。《中华人民共和国民法典》规定："家庭应当树立优良家风，弘扬家庭美德，重视家庭文明建设。"

法官在处理家庭内部矛盾引发的纠纷案件时，除了严格遵循法律规定，守护公平正义，也需要注重家庭关系的修复，以调解优先，在审判过程中大力宣传和弘扬尊老爱幼、勤俭持家、家和万事兴等中华民族传统家庭美德和文明进步的婚姻家庭伦理观念，推动形成社会主义家庭文明新风尚。

成语积累

错综复杂 错综：纵横交错。形容头绪繁多，情况复杂。

兄友弟恭 兄对弟友爱，弟对兄恭敬。指兄弟间相亲相爱。

似曾相识 曾：曾经。指以前看见的事物又出现，好像认识，依稀记得。

未雨绸缪 绸缪：紧密缠缚。趁着天没下雨，先修缮房屋门窗。比喻事先做准备。

魂飞魄散 魂、魄：古人错误认为人的精神能离开形体而存在，称离开形体的精神为“魂”，称依附于形体而显现的精神为“魄”。魂飞了，魄也散了。形容惊恐万状，不知如何是好。

伍

伍

丁乞三仔

趣读故事

在这套书里，我们讲了不少法律故事。有小朋友可能会问：“我还这么小，为什么要学习法律呢？”

其实，每一个人，从出生的那一刻起，就和法律结下了不解之缘，上学、工作、成家，甚至死亡，都和法律息息相关。

因此，学习法律，越早越好。

今天这个故事的主人公，就是几个孩子。

清朝雍正年间，在江西省有一个名叫丁乞三仔的 14 岁少年。在现代，14 岁正是上初中的年纪，但在当时，丁乞三仔已经是家中的重要劳动力了。

有一次，村子里有人家盖房子，请了许多工人，丁乞三仔和他同族的一个比他大四岁的哥哥丁狗仔都去了，两人负责挑土。

丁狗仔长得人高马大，一向是村里的小霸王，仗着自己年纪大，总是欺负丁乞三仔，让他挑很重的土筐，还捡起石块往他身上砸。丁乞三仔年纪小，又长得瘦弱，受了欺负也不敢还手，只能忍气吞声，艰难地挑着沉重的土筐坚持工作。

但他的忍让并没有让丁狗仔收手，丁狗仔反而变本加厉，一边砸土块，一边辱骂起丁乞三仔来。

见丁狗仔越来越过分，丁乞三仔终于忍无可忍，放下土筐，随手拾起脚边的一块土疙瘩，向丁狗仔砸了过去。

这一下正好砸在丁狗仔的肚子上，“哎呦”一声惨叫，丁狗仔捂着肚子缓缓倒下。

村民闻声而来，发现丁狗仔已经气绝身亡。

这下丁狗仔的家人不干了，立马将站在一边被吓得手足无措的丁乞三仔绑了个严严实实，扭送到官府。

这个案子其实比较简单，根据清朝法律《大清律例》的规定，不满七岁免罪，七到十岁如果犯了死罪，须上报皇帝裁决，十一岁到十五岁，与成年人犯罪一样承担责任。

官府很快作出判决：以斗殴杀人罪判处丁乞三仔绞监候。绞监候类似于现在的死刑缓期执行，就是对被判处绞刑的罪犯，不立即执行，监禁等候秋审、朝审后再分情况予以处理。

死刑案件必须上报皇帝批准。

雍正皇帝看到这个案件时，提出了不同意见："丁乞三仔比丁狗仔年幼，且丁狗仔故意欺凌在先，丁乞三仔还手在后，丁乞三仔还手时也并不是想杀丁狗仔，判死刑不合适。"

于是，雍正将这个案子退回，让大臣商议

之后再重新判决。

大臣们商议之后，决定将绞监候改成打一百杖并流放三千里，可以用赎金代替。丁乞三仔还须再赔偿丁狗仔家二十两银子。

雍正皇帝认可新的判决，规定以后有类似的案件都照此办理。也就是说在未成年人伤人致死的案件中，如果死者比凶犯大四岁以上，且死者先有故意欺凌的行为，可以减轻处罚。

这个惯例一直被沿用，直到乾隆年间发生了一桩案件，打破了这个惯例。

清朝乾隆年间，一个普通的日子，四川省盐亭县有一对小兄弟在河边的草地上放羊，大的叫李子相，9 岁，小的叫李润，7 岁。

临近中午，李润饿得肚子咕咕直叫，李子相听见了，便跑回自己家的地里，扯了一把胡豆回来，生起火，烤熟了和弟弟分着吃。

烤熟的胡豆香气四溢，吸引了在附近放羊的另一个孩子，9 岁的刘縻(mí)子。

刘縻子与李家兄弟是一个村的，互相都认识，便跑过来向他们要豆子吃。

兄弟俩的豆子本来就不多，自己都不够吃，但刘糜子来要，李润还是分给了他一些。可没想到，刘糜子毫不客气地一把将豆子都塞进嘴里，又伸手来要。

李子相不高兴了："我们还饿着呢，你要吃，去自己家地里扯去！"

刘糜子骂道："不就是几颗豆子嘛，小气鬼！"

给了豆子还挨骂，李子相生气极了，站起来推了刘糜子一把。不甘示弱的刘糜子猛地一拳狠狠打在李子相的胸口，李子相仰面倒地，后腰正好硌(gè)在地上的一块尖石头上，疼得大叫

起来。

刘縻子不管不顾，骑在李子相身上又打了好几拳，直到李润大哭着叫来了大人，才将两人拉开。

可叹的是，李子相伤势过重，没过几天就死了。

当地官府按照《大清律例》和丁乞三仔案形成的惯例，判处9岁的刘縻子绞监候，上报皇帝，并提出了减刑建议。

一般来说，皇帝会和以往一样，批准减刑方案，让刘縻子的家长赔付李子相家二十两银子，再以缴付赎金的方式来代替杖责和流放，然后释放刘縻子。

但这一次，乾隆皇帝却作出了不一样的决定。

他认为，刘縻子案和丁乞三仔案不一样。

刘縻子和李子相同龄，都是9岁。刘縻子无理索要胡豆在先，李子相并没有故意欺凌的行为。

乾隆发问：“如果仅仅因为年纪小，杀了人就可以免死，于情于法公平吗？小小年纪因为几颗胡豆就敢杀人，这般凶残，怎能轻易饶恕？”

刘縻子最终还是被判处绞监候。

自此之后，清朝对于未成年人斗殴杀人致死等死刑案件的处理模式如下图所示：

年龄分段	处理方式	
不满七岁	免罪	
七岁至十岁	年龄差距不到四岁，判绞监候	死者比凶犯大四岁以上，报请皇帝裁决
十一岁至十五岁	死者比凶犯大四岁以上且死者欺凌在先，可减刑	

可见，年龄小不再是免罪金牌。虽然从古至今，法律对于未成年人都较为宽容，但也是有限度的。

小朋友们应当知法懂法，约束自己的行为，绝不能恃（shì）强凌弱，仗势欺人。但是，如果受到别人无理的欺凌，也应当勇敢地拿起法律武器来保护自己。

思考一下

小朋友，你被欺负过吗？或者你见过别人欺负人吗？想一想，如果你被人欺负了，应该怎样保护自己呢？

学点古文

丁乞三仔年仅十四，与丁狗仔一处挑土，丁狗仔欺伊年幼，令其挑运重筐，又将土块掷打。丁乞三仔拾土回掷，适中丁狗仔小腹，殒命。

——《刑案汇览三编》

古文今译

丁乞三仔年仅 14 岁，与丁狗仔在一起挑土，丁狗仔欺负他年纪小，让他挑重的土筐，又拿土块扔他。丁乞三仔捡起土块扔回去，正好打中丁狗仔的小腹，导致其死亡。

法制课堂

什么是刑事责任年龄？

刑事责任年龄是指刑法所规定的行为人实施刑法禁止的法律行为并承担刑事责任所必须达到的年龄。达到这一年龄之后，行为人如果实施了法律禁止的行为，就要受到法律的制裁。

2020年12月，《中华人民共和国刑法修正案（十一）》将法定最低刑事责任年龄进行了个别下调，由十四周岁调低到十二周岁。

年龄分段	处理方式
不满十二周岁	不承担刑事责任
已满十二周岁不满十四周岁	犯故意杀人、故意伤害罪，致人死亡或者以特别残忍手段致人重伤造成严重残疾，情节恶劣，经最高人民检察院核准追诉的，应当负刑事责任
已满十四周岁不满十六周岁	犯故意杀人、故意伤害致人重伤或者死亡、强奸、抢劫、贩卖毒品、放火、爆炸、投放危险物质罪的，应当负刑事责任
已满十六周岁	对其实施的一切不法行为，均承担刑事责任

成语积累

息息相关 呼吸相互关联。形容关系极为密切。

变本加厉 厉：猛烈。原指比原来的更加发展。现指变得比原来更加严重。

手足无措 措：安放。手和脚不知放在哪里才好。形容非常慌张，不知如何是好的样子。

恃强凌弱 恃：依仗；凌：欺辱。凭借强大，欺负弱小。

仗势欺人 仗：依仗，依靠。依仗势力，欺压别人。

陆

译法索凶

——林则徐

趣读故事

1839年6月3日，清朝道光年间，虎门海滩（位于今广东省东莞市）上人头攒(cuán)动，群情激昂。

海滩上搭起了一座高高的观礼台，前面挂着一面黄色长幡(fān)，上面写着一行字：“钦差大臣奉旨查办广东海口事务大臣节制水陆各营总督部堂林”，站在人群中央的是一位表情严肃的官员，钦差大臣林则徐。

在他身后，还有许多人。有中国人，也有外国人；有官员，也有普通百姓。这些人脸上神态各异，有的欢欣鼓舞，有的将信将疑，有的愁眉苦脸，有的神色慌张。

“开始销烟！”林则徐一声令下，赤着上身的精壮士兵将一筐筐鸦片倒入早就挖好的海水池中，又倒入一筐筐石灰块，水中登时腾起一阵阵白色的烟雾，鸦片在水中慢慢融化。另一些士兵卖力地搅动着手中的木棒，让鸦片融化得更彻底一些，直到一点残渣都看不见。

销烟活动一直持续到 6 月 25 日，共销毁鸦片 19,187 箱和 2119 袋，总重量 2,376,254 斤。

清朝末年，英国为了获取高额利益，大举向中国贩运鸦片。鸦片，又叫大烟，是从植物罂粟（yīng sù）中提取出来的，有药用价值，但吸食会使人上瘾，属于毒品的一种。

自此，很多中国人开始吸食鸦片，倾家荡产、家破人亡的大有人在，加之白银大量外流，引发了极其严重的社会问题。清政府下决心禁烟，派出钦差大臣林则徐前往广州执行这一任务。

林则徐到广州之后，大刀阔斧地推行禁

烟，并将收缴来的鸦片统一在虎门海滩上公开销毁。

于是，就有了故事开头的这一幕，历史上称之为“虎门销烟”。

虎门销烟令英国人震惊，一时间，走私贩卖鸦片的行为有所收敛。

不久之后的 7 月 7 日，又发生了一件大事。

一群英国商船的水手从尖沙咀(zuǐ)（今香港尖沙咀一带）上岸，他们与尖沙咀村的一群村民发生冲突，双方大打出手。混乱中，一个名叫林维喜的村民受了重伤，很快就死掉了。

当时，英国派驻中国的负责人名叫义律，

他正为了虎门销烟的事情焦头烂额，听说又出了这档子事，很是头疼，便想着大事化小、小事化了。

于是，他筹了一笔钱，找到当地村民，把钱给了林维喜的家人，让他们出具了一份“谅解书”，想以此证明林维喜是死于意外事故，和英国水手没有关系。

拿到谅解书的义律自以为处理得天衣无缝，但林则徐并不打算放过凶手。

林则徐派出官员赶赴现场进行调查并顺利地获得了明确的证据，证明林维喜是被英国水手用棍棒打死的。

林则徐立刻向义律提出要求：交出凶犯，由中国审判。

义律知道，根据中国法律，杀人的水手只要被交出来，一定会被判处死刑。于是，他拒绝了林则徐的要求，理由是：“英国人犯罪的，应当按照英国法律，由英国进行审判。”

然后，义律在一艘英国船只上，装模作样地进行了一场审判。义律本人担任法官，依据英国的法律对几名英国水手进行了判决，只判处几个月的监禁和少量罚金。判决之后，义律火速将那几名水手送回英国。

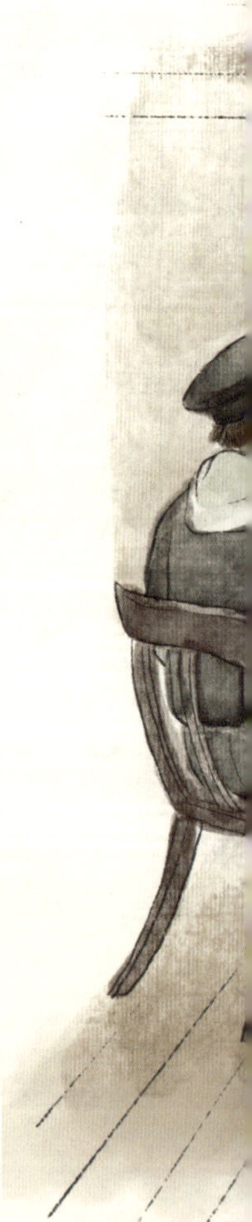

没有任何中国官员参加这次审判。

作为中国“开眼看世界的第一人”，林则徐虽然不认可这个审判结果，但他明白“知己知彼、百战不殆(dài)”的道理。

因此，林则徐一到广州，就组织了一批懂外语的人才，对外国的书籍、报刊进行翻译，针对义律提出的裁判理由，林则徐专门请人翻译了瑞士法学家滑达尔的《各国律例》。里面规定了“到别的国家便要遵守这个国家的法律，不能违犯，如果有违犯的，也要以这个国家的法律来进行惩罚”的条款。

同时，林则徐在翻译英国法律文件的过程中也发现了类似的规定。于是，林则徐写信怒斥义律："你们英国一直有规定，去别的国家做生意要遵守当地法律，写得清楚明白。如果在英国犯罪，自然是你们来查办，在我们这里犯罪，自然该交给我们查办。怎么能把你们英国的法律拿来我们这里用呢？"

林则徐对义律下了最后通牒："如果再不交出凶犯，视同义律包庇罪犯，与罪犯同罪。"

面对义正词严的林则徐，义律摆出一副"你能拿我怎么样"的无赖模样，拒绝交出凶手。

义律为所欲为的底气，来源于英国的船坚炮利。19 世纪初，完成了工业革命的英国成为当时最强大的资本主义国家，拥有强大的海军，

占领了大量殖民地，被称为“日不落帝国”。

由于双方各执己见，都不肯让步，事态越来越紧张。9 月 4 日，义律率军舰在九龙山海面挑衅，挑起九龙炮战。1839 年 11 月 3 日，又挑起穿鼻洋海战。守卫将领关天培在林则徐的支持下，英勇反击，击退了英军。

1840 年，英国变本加厉，发动了第一次鸦片战争。清军节节败退，道光皇帝为了求和，将林则徐撤职。1842 年，清政府与英国签订了中国近代史上第一个不平等条约——《南京条约》，香港被割让给英国，还需向英国支付巨额赔款。

从此，中国沦为半殖民地半封建社会。

至于林维喜这个小人物的案件，道光皇帝明确下令：不再要求英国交出凶犯。

约一年后，清朝又与英国签订《虎门条约》，约定在中国的英国人不受中国法律的管辖，如果有违法犯罪行为，只能依据英国法律，由英国方面进行审判。中国的司法主权受到了严重损害。弱国无外交，落后就要挨打。林则徐为了林维喜案据理力争，但腐朽没落的清王朝根本无力抗争，林则徐所有的努力也只能付之东流。

思考一下

小朋友，请你思考一下，为什么林则徐坚持由中国来审判杀害林维喜的凶犯呢？

学点古文

自法制一定，普天之下莫不遵守，故外国有犯者，即各按各犯事国中律例治罪。

——《中国近代思想家文库林则徐卷》

古文今译

自从有了法律，天下没有不遵守的地方，因此有外国人犯罪的，就各自按照犯罪所在地国家的法律来治罪。

法制课堂

什么是国家？

国家是政治地理学名词。一个完整的国家应具备定居的人民、确定的领土、有效的政府和独立的主权。

国家应当拥有独立权、平等权、自卫权、管辖权。管辖权通常是指一个国家管理事件或人的法律权力。

国际法是规范国家与国家之间关系的法律规范，其中一个重要问题就是准确划分国家间对某些问题的管辖权，从而维护一个国家的独立和主权平等。

爱国强国，人人有责。只有祖国强大，才能保护我们每一个人的合法权益不受侵犯。

成语积累

天衣无缝 原指天上神仙穿的衣服因不是针线所缝，所以没有衣缝。后用来比喻事物的细致周到，严密完备，找不出什么破绽。

焦头烂额 原形容头部被火烧得伤势很重。后来比喻境遇恶劣，做事棘手，十分窘迫难堪的情况。

知己知彼 对敌我双方的情况都了解透彻。

为所欲为 为：做；欲：想要。本指做自己想做的事。后指任凭自己的意思，想干什么就干什么。

付之东流 把它投入东流的水中，一去不复返。比喻希望落空，前功尽弃。

◎智破盗案

◎清官海瑞

◎前于后于

◎兄弟争田

◎丁乞三仔

◎译法索凶